BEI GRIN MACHT SICH IHR WISSEN BEZAHLT

AF144005

- Wir veröffentlichen Ihre Hausarbeit, Bachelor- und Masterarbeit

- Ihr eigenes eBook und Buch - weltweit in allen wichtigen Shops

- Verdienen Sie an jedem Verkauf

Jetzt bei www.GRIN.com hochladen und kostenlos publizieren

Bibliografische Information der Deutschen Nationalbibliothek:

Die Deutsche Bibliothek verzeichnet diese Publikation in der Deutschen National-
bibliografie; detaillierte bibliografische Daten sind im Internet über http://dnb.d-
nb.de/ abrufbar.

Impressum:

Copyright © 2012 GRIN Verlag, Open Publishing GmbH
Druck und Bindung: Books on Demand GmbH, Norderstedt Germany
ISBN: 978-3-656-84029-9

Dieses Buch bei GRIN:

http://www.grin.com/de/e-book/208821/ein-soeldner-und-seine-erlebnisse-waehrend-
der-belagerung-magdeburgs-im

Georg Hermann

Ein Söldner und seine Erlebnisse während der Belagerung Magdeburgs im Dreißigjährigen Krieg

„Ist mir doch von herdtzen leit gewessen das die stadt so schreglich gebrunnen hat..."

GRIN Verlag

GRIN - Your knowledge has value

Der GRIN Verlag publiziert seit 1998 wissenschaftliche Arbeiten von Studenten, Hochschullehrern und anderen Akademikern als eBook und gedrucktes Buch. Die Verlagswebsite www.grin.com ist die ideale Plattform zur Veröffentlichung von Hausarbeiten, Abschlussarbeiten, wissenschaftlichen Aufsätzen, Dissertationen und Fachbüchern.

Besuchen Sie uns im Internet:

http://www.grin.com/

http://www.facebook.com/grincom

http://www.twitter.com/grin_com

Freie Universität Berlin
Fachbereich Geschichts- und Kulturwissenschaften
Friedrich Meinecke-Institut
Seminar: „Der Dreißigjährige Krieg"

Sommersemester 2012

„Ist mir doch von herdtzen leit gewessen das die stadt so schreglich gebrunnen hat..."

—

Ein Söldner und seine Erlebnisse während der Belagerung Magdeburgs im Dreißigjährigen Krieg

Georg Hermann

Inhaltsverzeichnis

Einleitung

Diese Arbeit soll der erweiterten Erschließung eines von Jan Peters edierten „Tagebuchs" eines Söldners im Dreißigjährigen Krieg[1] dienen. Der Kämpfer[2] hinterließ der Nachwelt einen Text, welcher zunächst vermutlich nicht als zusammenstehendes Werk angelegt war, sondern eine Niederschrift aus mehreren, während der Kriegsjahre 1625-1648 und des darauf folgenden ersten Friedensjahres verfassten Aufzeichnungen, darstellt.[3]

Die Originalhandschrift umfasste ursprünglich wohl 192 Blätter, von denen bis heute 176 erhalten geblieben sind.[4] Dies entspricht einem Verlust von 16 Blättern und erlaubt von einer außergewöhnlich umfangreichen und authentischen Quelle auszugehen.

Das für die, der heutigen Edition zu Grunde liegende, finale Handschrift verwendete Papier wurde, wie anhand des Wasserzeichen ersichtlich, in einer Papiermühle bei Ronsberg im Allgäu hergestellt.[5] Memmingen ist als letzter bekannter Aufenthaltsort des Söldners zumindest für den Beginn der Niederschrift wahrscheinlich.[6]

Der katholische Schreiber kam, wie eine linguistische Analyse zeigte, vermutlich aus dem Rheingebiet.[7] Er entstammte einer Familie des mittleren Bildungsstandes und hatte offenbar eine Lateinschule besucht.[8] Nach dem Ende des Selbstzeugnisses verlieren sich seine Spuren.

Im Folgenden möchte ich die Erlebnisse des Söldners während der Belagerung Magdeburgs ab Herbst 1630 und im Besonderen der

---

1 Jan Peters (Hg.): „Ein Söldnerleben im Dreißigjährigen Krieg" (=Selbstzeugnisse der Neuzeit – Quellen und Darstellungen zur Sozial- und Erfahrungsgeschichte, Bd. 1), Berlin 1993.
2 Dieser wird weiterhin vornehmlich bei seiner Berufsbezeichnung genannt, da der Forschung sein Name, trotz einiger Hinweise in dem von ihm hinterlassenen Manuskript, z.B. auf „Peter Hagendorf" (vgl.: Peter Burschel: „Himmelreich und Hölle – Ein Söldner, sein Tagebuch und die Ordnungen des Krieges", S. 4; in: B. v. Krusenstjern, H. Medick (Hg.): „Zwischen Alltag und Katastrophe – Der Dreißigjährige Krieg aus der Nähe", Göttingen ²2001, S. 181-194.), nicht mit Sicherheit bekannt ist.
3 Peters: „Söldnerleben", S. 17f.
4 Ebd., S. 12/13.
5 Ebd., S. 15.
6 Ebd., S. 16.
7 Ebd., S. 24f.
8 Ebd., S. 15.

Erstürmung und Plünderung im Mai 1631 mit Hilfe seiner Aufzeichnungen untersuchen. Wie schildert der Autor die gewaltsamen Umstände der Belagerung und Erstürmung der protestantischen Stadt, aus denen die eigene Verwundung resultierte? Welchen Einfluss hatten die Erfahrungen jener Tage auf sein weiteres Verhalten im Fortgang des Krieges?

Die Ausgangslage

In diesem ersten Abschnitt werde ich kurz den militärischen Werdegang des Autors und die Ereignisse im Vorfeld der Belagerung Magdeburgs[9] darstellen.

Der Söldner war schon zu Beginn seiner Aufzeichnungen im Jahr 1625 im Kriegshandwerk tätig gewesen. Die Belagerung der Stadt Magdeburg war auch nicht seine erste, denn er hatte 1627 bereits an der erfolgreichen Wolfenbüttels und im Jahr darauf an der erfolglosen Stralsunds teilgenommen.[10]

Gelang es dem Autor, sein bekanntes Leben lang auch nie, die eigentliche Offiziersebene zu erreichen,[11] so stand er zum Zeitpunkt des Kampfes um Magdeburg nicht mehr am Beginn seiner Karriere. Anfang 1631 war es ihm gelungen in den Rang eines Gefreiten aufzusteigen, welcher ungefähr der zweiten möglichen Stufe einer Laufbahn in einem damaligen Söldnerheer entsprach.[12]

Zum Grad der (Selbst-)Reflexion der meisten Angehörigen kämpfender Verbände in diesem Konflikt gilt zu sagen, dass vermutlich kaum eine differenzierte Analyse der politischen Vorgänge im Vorfeld oder während der Kampfhandlungen selbst stattfand.[13]

Die geistigen Haltungen des Söldners und seiner Gefährten gegenüber der

---

9   Zur Vorgeschichte Magdeburgs in den Glaubenskämpfen des 16. Jahrhunderts, siehe: Hans Medick: „Historisches Ereignis und zeitgenössische Erfahrung: Die Eroberung und Zerstörung Magdeburgs 1631", S. 2; in: B. v. Krusenstjern, H. Medick (Hg.): „Zwischen Alltag und Katastrophe – Der Dreißigjährige Krieg aus der Nähe", Göttingen ²2001, S. 377-407.
10 Peters: „Söldnerleben", S. 204/205.
11 Burschel: „Himmelreich und Hölle", S. 1.
12 Peters: „Söldnerleben", S. 202.
13 Vgl.: Burschel: „Himmelreich und Hölle", S. 12.

Tatsache des Krieges dürften davon, dass man „sich darauf einrichten [musste], mit dem Übel [des Krieges] zu leben",[14] bis zur Wahrnehmung desselben als „unabänderliches Schicksal"[15] gereicht haben. Dies mag schlicht an einer unzureichenden Informationslage gelegen haben, hatte aber wohl noch tiefer liegende Gründe, die hier nicht eingehend erläutert werden können.

Über die Stellung der Gewalt in den Gesellschaften der frühen Neuzeit im Allgemeinen schreibt Bernhard Kroener: „Ein gewisses Maß an Gewalt gehörte in der frühen Neuzeit zum Alltag jeder menschlichen Gemeinschaft[. Es] erschien der Gesellschaft dieses Zeitalters als Zeichen von Lebenskraft und Führungsqualität."[16]

Ich schließe mich diesen Befunden in meinen weiteren Ausführungen an.

Die Quelle

Das Geschehen nach der Ankunft der Streitmacht des Reichsgrafen zu Pappenheim im Magdeburger Umland gegen Ende des Jahres 1630 beschreibt der Söldner damit, dass man die Truppe „verlecht auf dörffer[ ]"[17] hätte, sie also vermutlich und für die frühe Neuzeit nicht unüblich,[18] in vor der Stadt liegenden Bauern- und Bürgerhäusern einquartiert wurde.

Darüber, ob sich deren Bewohner gegen diese Prozedur zur Wehr setzten oder sie als allgemein bekannt über sich ergehen ließen, möglicherweise aber auch bereits vor dem heranrückenden Feind geflohen waren, schweigt der Autor, was bestätigt, dass er das Vorgehen nicht als ungewöhnlich empfunden haben dürfte.

---

14 Peters: „Söldnerleben", S. 199.
15 Bernhard Kroener: „Soldat oder Soldateska? Programmatischer Aufriß einer Sozialgeschichte militärischer Unterschichten in der ersten Hälfte des 17. Jahrhunderts", S. 1; in: M. Messerschmidt, K. Maier, u. A. (Hg.): „Militärgeschichte – Probleme - Thesen - Wege", Stuttgart 1982, S. 100-123.
16 Ebd., S. 13.
17 Peters: „Söldnerleben", S. 46/S. 23; die erste Seitenangabe bezieht sich auf die Edition, die zweite auf das Originaldokument.
18 Vgl.: Bernhard Kroener: „Militär in der Gesellschaft. Aspekte einer neuen Militärgeschichte der Frühen Neuzeit", S. 8; in: T. Kühne, B. Ziemann (Hg.): „Was ist Militärgeschichte?", Paderborn 2000, S. 283-299; Geoffrey Parker: „Der Dreißigjährige Krieg", Frankfurt (Main) 1987, S. 288.

Danach wurde die Stadt „geblogkieret"[19] und ein Belagerungsring errichtet. Vermutlich bei der Errichtung einer zu diesem Belagerungsring gehörigen Schanze – einer Art Schützengraben – wurde der Hauptmann, welcher die Einheit des Söldners anführte, von einer Kugel getroffen und starb daraufhin.

Bemerkenswert ist der genaue Wortlaut der Schilderung: „Alda Ist vnser haubtman, fur eine schansse todt, nehben Ihrer viel, geschossen worden...".[20] Peters übersetzt die Stelle folgendermaßen: „Da ist unser Hauptmann vor einer Schanze, neben vielen anderen, totgeschossen worden."[21]

Ein nicht unerhebliches Interpretationsproblem ergibt sich aus der unklaren Bedeutung des originalen „fur". Ob dieses Wort wie bei Peters „vor" oder alternativ „für" heißen müsste, was darauf hindeutete, dass der Hauptmann nicht beim Errichten, sondern im Kampf um eine feindliche Schanze – welche möglicherweise von den Magdeburgern als äußerste Verteidigungslinie vor den Stadtmauern errichtet worden sein könnte – starb, muss an dieser Stelle ungewiss bleiben.

Ähnlich verhält es sich mit „nehben Ihrer viel", wobei sich das Pronomen „Ihrer" sowohl auf den Hauptmann, als auch auf die Schanze beziehen könnte und dementsprechend den Sinn des Satzes verändere.

Im Anschluss scheint sich eine gewisse Lücke in der Nacherzählung der Ereignisse zu befinden, was sich einerseits in der schlichten Monotonie der Belagerungstätigkeit, andererseits durch den Zeitmangel des Söldners aufgrund seiner Einbindung in eben diese, erklären könnte.

Der Schreiber fährt erst wieder fort, als es nach erfolgreicher Zerstörung eines Tores zur Erstürmung der Stadt kommt und er „mit sturmer handt ohn allen schaden, In die stadt"[22] gelangt.

Obwohl zu vermuten ist, dass dieser Vorgang keineswegs ohne Gewaltanwendung vonstattenging, da man begründet annehmen kann,

19 Peters: „Söldnerleben", S. 46/S. 23.
20 Peters: „Söldnerleben", S. 46/S. 23.
21 Ebd., S. 138/S. 23.
22 Ebd., S. 47/S. 24.

dass es besonders zum Zeitpunkt des Eindringens feindlicher Kämpfer durch Breschen in Mauerwerk oder zerstörte Tore zu blutigen Handgemengen mit den Verteidigern kam, schweigt der Autor außer des Hinweises auf die „stürmende[ ] Hand"[23] erneut über die Details.

Nachdem der Söldner während der Kämpfe, welche sich offenbar doch nach dem ersten Vordringen hinter die Stadtmauern ergaben, von zwei Schusswunden kampfunfähig gemacht wurde – welche nüchtern damit beschrieben werden, dass er „durch den bauch, forne durch (durch) geschossen [wurde], zum andern durch beide agseln, das die Kugel, Ist In das hembte geleghen"[24] – ist der Verwundete „In das leger gefuhret worden[.]"[25]

Ob dies auf einen funktionierenden „Sanitätsdienst" hinweist bleibt zweifelhaft.[26] Wahrscheinlicher ist ein Kamerad, der sich dem Verwundeten angenommen hat, auch wenn ein solcher unerwähnt blieb.

Während der Widerstand in der Stadt von den Eindringlingen niedergekämpft wurde, brach offenbar ein Feuer aus. Ob dieses absichtlich gelegt wurde oder zufällig ausbrach, ließ sich bis heute nicht eindeutig klären.[27]

Nach einer medizinischen Erstversorgung durch den Feldscher[28] betrachtete der verwundete Söldner das Geschehen der Plünderung Magdeburgs aus der Ferne. Seine Gefühle in diesem Moment beschreibt er später folgendermaßen: „Ist mir doch von herdtzen leit gewesen das die stadt so schreglich gebrunnen hat wehgen der schönen stadt, vndt das es meines vaterlandes Ist..."[29]

Michael Kaiser gibt zu bedenken, dass „es [...] fast so [scheint], als ob das Schreckliche des 20. Mai gleichsam nur aus der Distanz eines Beobachters wahrgenommen werden konnte, der die Silhouette der brennenden Stadt betrachtete. Dagegen überwiegt bei den Szenen, die das Geschehen in

---

23 Ebd., S. 138/S. 24.
24 Peters: „Söldnerleben", S. 47/S. 25.
25 Ebd., S. 47/S. 25.
26 Vgl.: Peters: „Söldnerleben", S. 229; Kroener: „Soldat oder Soldateska?", S. 15.
27 Vgl.: Hans Medick: „Historisches Ereignis", S. 13f.
28 Peters: „Söldnerleben", S. 47/S. 25.
29 Ebd., S. 47/S. 25.

Magdeburg beschreiben, die Nervosität des auf Beute erpichten Kriegsmannes."[30]

Bemerkenswert an diesem Teil des Berichtes ist, neben der scheinbar nicht verlorenen Fähigkeit zu Mitleid mit den Gebrandschatzten, die Nennung des „Vaterlandes" in einer Zeit vor der Herausbildung des modernen Nationalbewusstseins im 19. Jahrhundert.

Der Begriff stützt sich hier vermutlich auf ein eher empathisches „Vaterlands"-Bild, welches vielleicht mit den, dem Söldner selbst möglicherweise unbekannten, Außengrenzen des Reiches[31] zusammenfiel, sich aber offensichtlich auf die protestantisch-norddeutschen Gebiete erstreckte.

Wohl um nicht dem Ausbleiben der Haupteinkünfte durch die Verwundung ausgesetzt zu sein, schickte der namenlose Kämpfer seine Ehefrau[32] – mit der er Peters' Ansicht nach ein „effektives Beute- und Produktionspaar" bildete[33] – zum Plündern in die Stadt. Er begründet dies in seinem späteren Selbstzeugnis damit, dass sie „hatt wollen ein kussen holen, vndt tucher zu verbinden..."[34]

Auch wenn eine Gewährleistung umfassender Versorgung des Verwundeten mit medizinischen Gütern mehr als fragwürdig erscheint, da „für die Kranken [in einem Söldnerheer] offenbar keine ärztliche Vorsorge getroffen [wurde], und es [im Normalfall] auch keine Militärhospitäler oder Pensionen für die Verwundeten [gab]",[35] spricht die Aussage, dass sie neben dem gesuchten Verbandszeug „benehbens auch 2 silbern gurdtel [...] vndt kleider ['gefunden']"[36] hätte, für sich. Zumal so große Gefahr von

---

30 Michael Kaiser: „'... aber ich muß erst Beute machen' – Die Zerstörung Magdeburgs im Spiegel von Selbstzeugnissen", S. 7; in: M. Puhle (Hg.): „'... gantz verheeret!' – Magdeburg und der Dreißigjährige Krieg" (=Beiträge zur Stadtgeschichte und Katalog zur Ausstellung des Kulturhistorischen Museums Magdeburg), Halle (Saale) ²1998, S. 63-70.
31 Wobei der Söldner scheinbar über gute Kenntnisse der Binnengliederung des Reiches bzw. der territorialen Herrschaften verfügte, siehe: Peters: „Söldnerleben", S. 229.
32 „Viele Söldner wurden von ihren Frauen oder Mätressen begleitet, und noch mehr von ihnen hatten Diener oder Lakaien dabei." – Parker: „Der Dreißigjährige Krieg", S. 290.
33 Peters: „Söldnerleben", S. 226.
34 Ebd., S. 47/S. 25.
35 Parker: „Der Dreißigjährige Krieg", S. 295/296.
36 Peters: „Söldnerleben", S. 47/S. 27.

den brennenden und teilweise einsturzgefährdeten Gebäuden auszugehen schien, „das viel soldaten, vndt weiber, welche Maussen wollen, darin mussen bleiben[.]"[37]

Einen interessanten Abschluss findet die Nacherzählung der Ereignisse um die Belagerung Magdeburgs damit, dass der Verwundete berichtet, wie er am Abend der erfolgreichen Erstürmung und Plünderung von einigen seiner Kameraden auf dem Krankenbett besucht wurde und ihm „ein leder edtwas verehret, einen tall[er] oder halben tall[er]..."[38]

Diese Begebenheit wirft, ähnlich der gesamten lückenhaften Schilderung von Krankentransport und -versorgung, Fragen bezüglich der Lebenssituation und Mentalität der Kämpfenden in diesem so lange anhaltenden Konfliktgemenge auf.

Im Anschluss soll untersucht werden, welche Rückschlüsse auf die Beeinflussung des Selbstverständnisses und der selektiven Wahrnehmung des Söldners durch die Kriegsgeschehnisse, gezogen werden können. Dabei schließe ich mich Peters' These an, dass „[d]ank des so seltenen Umstandes, daß unser Söldner sich schriftlich mitzuteilen vermochte und zugleich die Mentalität des Kriegshandwerks verinnerlicht hatte, [...] sich seine Lebenswerte aus seinem Lebensbericht gut ableiten [lassen]."[39]

Interpretation der Quelle

Möchte man die Eindrücke, welche ein Ereignis, wie die Kämpfe um Magdeburg im Dreißigjährigen Krieg, auf einen Teilnehmer gemacht haben mögen, besser verstehen, muss man dieses selbstverständlich im Zusammenhang dessen Lebensgeschichte und der allgemeinen sozialen und politischen Vorgänge jener Zeit einordnen.

Auch wenn die Verwüstung der protestantischen Stadt propagandistisch überhöht wurde[40] und unsere heutige Wahrnehmung ihrer deswegen unweigerlich in eine gewisse Schieflage gerät, kann sie als Extrembeispiel,

---

37 Ebd., S. 47/S. 26.
38 Peters: „Söldnerleben", S. 47/S. 27.
39 Ebd., S. 233.
40 Vgl.: Helmut Lahrkamp: „Dreißigjähriger Krieg. Westfälischer Frieden. Eine Darstellung der Jahre 1618-1648 mit 326 Bildern und Dokumenten", Münster 1997, S. 90.

keinesfalls aber als Einzelfall bezeichnet werden, denn auch das gemischt-konfessionelle Regensburg musste 1631, während es unter kaiserlich-bayrischer Kontrolle stand, Plünderungen durch die einquartierten Söldner ertragen.[41]

Auch Geoffrey Parker ist der Ansicht, dass „[d]as grausame Vorgehen der Soldaten in Magdeburg [...] an sich für die damalige Zeit nichts Besonderes [war] – die Plünderung und Verwüstung einer Stadt, die Widerstand leistete, war allgemein geübter Kriegsbrauch –, ungewöhnlich war lediglich das Ausmaß des Gemetzels."[4243]

Jan Peters postuliert spätestens für den Zeitraum 1633-34 eine vollständige Akzeptanz und Anpassung seitens des namenlosen Söldners an das Plündern als eine „Grundform des Lebenserhalts (bei ausbleibendem Sold)[.]"[44]

Es bleibt zu vermuten, dass die Erlebnisse um Magdeburg einen nicht unerheblichen Anteil an dieser Entwicklung hatten, indem sie zu einer Verschärfung der Wahrnehmung von Gewaltanwendung als allgegenwärtiges und damit letztlich nicht weiter hinterfragbares Phänomen, beitrugen, welche auch anfängliche Zweifel[45] mit der Zeit verdrängte. „Gewalt an sich war dieser Zeit vertraut. [...] Brutalität ist von vielen seines Schlages als natürlich im Laufe der Zeit verinnerlicht worden[.] Unserem Soldaten ist Grausamkeit nur dann aufzeichnenswert, wenn sie aus dieser 'natürlichen' Zwecksetzung herausfällt."[46]

Neben der feststellbaren Zunahme emotionaler Gleichgültigkeit bezüglich des gewaltsamen Plünderns, kann man auch die Tendenz ausmachen, dass der Autor, obwohl die Verwundung bei Magdeburg seine einzige während

---

41 Johann Heilmann: „Kriegsgeschichte von Bayern, Franken, Pfalz und Schwaben von 1506 bis 1651", Bd. II/1, S. 344; zit. nach: Peters: „Söldnerleben", S. 207.

42 Parker: „Der Dreißigjährige Krieg", S. 204; vgl.: Kroener: „Soldat oder Soldateska?", S. 13.

43 Selbst der kaiserliche Befehlshaber Pappenheim sprach von über „zwaintzig Tausent" Toten, siehe: W. Lahne: „Magdeburgs Zerstörung in der zeitgenössischen Publizistik", Magdeburg 1931, S. 67; zit. nach: Hans Medick: „Historisches Ereignis", S. 10.

44 Peters: „Söldnerleben", S. 209.

45 Vgl.: ebd., S. 47/S. 25.

46 Ebd., S. 235/236.

des gesamten restlichen Krieges blieb,[47] immer öfter die Nähe zu den Kranken und Verwundeten suchte bzw. sich deren Pflege annahm,[48] sowie als Garnisonssoldat in besetzten Siedlungen – noch im Jahr der Magdeburger Belagerung z.B. in Regensburg[49] – zurück blieb. Die Frage, ob dies Teil einer gezielten Überlebensstrategie oder Auswirkung glücklicher Zufälle war, muss leider spekulativ bleiben, ersteres liegt jedoch nahe.[50]

Der namenlose Söldner als „Prototyp" eines Kämpfers im Dreißigjährigen Krieg?

Will man versuchen aus dem Lebensbericht des Söldners Einsichten in die Wertvorstellungen der einfachen Kämpfer und deren Umsetzung im alltäglichen Leben in diesem großen Krieg des 17. Jahrhunderts zu gewinnen, ist es dienlich diejenigen Faktoren herauszustellen, welche nahezu ausnahmslos alle von ihnen betrafen. Das ist mein Vorhaben in diesem letzten Abschnitt.

Der lebensbestimmende Umstand für einen Söldner in einem Feldheer des Dreißigjährigen Krieges war die Knappheit an Versorgungsgütern. „Die enormen Summen, die während des gesamten Krieges für den Unterhalt der Truppen gezahlt wurden, haben die Betroffenen [also vor allem die rangniedrigsten Kämpfer] nur selten oder überhaupt nicht erreicht",[51] sondern fanden meist ihren Weg in die Taschen der Offiziere[52] oder wurden von Proviantmeistern und Kriegskommissaren zu oft unerschwinglichen Preisen weiterverkauft.[53]

Durch „[e]ine Versorgung, die dem Soldaten nur selten das Existenzminimum garantierte [wird] sein Verhalten gegenüber der Zivilbevölkerung [auch am Beispiel Magdeburgs] verständlicher, vielleicht

47 Ebd., S. 206.
48 Ebd., S. 216.
49 Ebd., S. 207.
50 Vgl.: ebd., S. 203; 212; 231.
51 Kroener: „Soldat oder Soldateska?", S. 6.
52 Ebd.
53 Ebd., S 9.

sogar entschuldbarer[.]"[54]

Obwohl Peters dem Autor unterstellt „die Fähigkeit zu distanzierter oder gar moralisierender Selbstbewertung [im Laufe des Krieges] ein[zubüßen]"[55] und ihm gar bescheinigt „[f]ür das Elend ringsum (auch in den eigenen Reihen) [...] kaum einen Blick [zu haben]",[56] gesteht ihm Peter Burschel „in seinem Tagebuch durchaus Beschreibungen, Einsichten und Reaktionen [zu], die erkennen lassen, daß es der Gewalt nie gelang, die 'Weltsicht' des Söldners völlig zu bestimmen."[57]

Letztlich bleibt festzuhalten, dass sich „die Söldnerwirklichkeit und die durch sie geprägte Söldnermentalität [...] dem moralischen Maß von Gut und Böse [entzogen.] [...] Ihre Denkweise [kannte] nur einfachste moralische Verhaltensregeln."[58]

---

54 Kroener: „Soldat oder Soldateska?", S. 122.
55 Peters: „Söldnerleben", S. 223.
56 Ebd., S. 228.
57 Burschel: „Himmelreich und Hölle", S. 12.
58 Peters: „Söldnerleben", S. 236.

Quellen

Lahrkamp, Helmut: „Dreißigjähriger Krieg. Westfälischer Frieden. Eine Darstellung der Jahre 1618-1648 mit 326 Bildern und Dokumenten", Münster 1997.

Peters, Jan (Hg.): „Ein Söldnerleben im Dreißigjährigen Krieg" (=Selbstzeugnisse der Neuzeit – Quellen und Darstellungen zur Sozial- und Erfahrungsgeschichte, Bd. 1), Berlin 1993.

Literatur

Burschel, Peter: „Himmelreich und Hölle – Ein Söldner, sein Tagebuch und die Ordnungen des Krieges"; in: B. v. Krusenstjern, H. Medick (Hg.): „Zwischen Alltag und Katastrophe – Der Dreißigjährige Krieg aus der Nähe", Göttingen ^{2}2001, S. 181-194.

Kaiser, Michael: „'... aber ich muß erst Beute machen' – Die Zerstörung Magdeburgs im Spiegel von Selbstzeugnissen"; in: M. Puhle (Hg.): „'... gantz verheeret!' – Magdeburg und der Dreißigjährige Krieg" (=Beiträge zur Stadtgeschichte und Katalog zur Ausstellung des Kulturhistorischen Museums Magdeburg), Halle (Saale) ^{2}1998, S. 63-70.

Kroener, Bernhard: „Soldat oder Soldateska? Programmatischer Aufriß einer Sozialgeschichte militärischer Unterschichten in der ersten Hälfte des 17. Jahrhunderts"; in: M. Messerschmidt, K. Maier, u. A. (Hg.): „Militärgeschichte – Probleme - Thesen - Wege", Stuttgart 1982, S. 100-123.

Kroener, Bernhard: „Militär in der Gesellschaft. Aspekte einer neuen Militärgeschichte der Frühen Neuzeit"; in: T. Kühne, B. Ziemann (Hg.): „Was ist Militärgeschichte?", Paderborn 2000, S. 283-299.

Medick, Hans: „Historisches Ereignis und zeitgenössische Erfahrung: Die Eroberung und Zerstörung Magdeburgs 1631"; in: B. v. Krusenstjern, H. Medick (Hg.): „Zwischen Alltag und Katastrophe – Der Dreißigjährige Krieg aus der Nähe", Göttingen ^{2}2001, S. 377-407.

Parker, Geoffrey: „Der Dreißigjährige Krieg", Frankfurt (Main) 1987.

BEI GRIN MACHT SICH IHR WISSEN BEZAHLT

- Wir veröffentlichen Ihre Hausarbeit,
  Bachelor- und Masterarbeit

- Ihr eigenes eBook und Buch -
  weltweit in allen wichtigen Shops

- Verdienen Sie an jedem Verkauf

Jetzt bei www.GRIN.com hochladen und kostenlos publizieren